Gallimard Jeunesse/Giboulées
sous la direction de Colline Faure-Poirée

Antoon Krings

Les fabulettes
des Drôles de Petites Bêtes

GIBOULÉES
GALLIMARD JEUNESSE

Mireille l'Abeille

Je connais une petite abeille qui a l'accent de Marseille. Elle s'appelle Mireille, Mireille l'abeille. Chaque jour, elle remercie la terre et le ciel, elle salue le soleil et embrasse les fleurs qui s'éveillent :

Merveille ! Merveille !
Montrez-moi toutes ces merveilles.
Or ou vermeil,
j'attends depuis la veille.

Après ce doux refrain, Mireille butine les fleurs, la bouche en cœur, le cœur à l'ouvrage. Un petit rayon de soleil, c'est un petit rayon de miel. Une journée de grand soleil, c'est un plein pot de miel. Chaque jour, l'abeille va, l'abeille vient d'un bout à l'autre du jardin en chantant le même refrain :

Merveille ! Merveille !
Montrez-moi toutes ces merveilles.
Or ou vermeil,
demain nous aurons du miel !

Huguette la Guêpe

Vive, étourdie, capricieuse, mais pas folle, Huguette ! Elle attend l'été pour se montrer, le retour des vacanciers et des boissons sucrées pour se baigner. Diabolo ou menthe à l'eau, elle adore les sirops ! Orangeade ou citronnade, attention à la noyade ! Vive, étourdie, capricieuse, mais pas folle, la guêpe ! Elle tourne autour des chapeaux de paille, des paniers remplis de victuailles avant de faire ripaille. Déjeuners sur l'herbe, pique-niques, partout où elle passe, elle agace, elle tracasse. Mais si, par malheur, par peur, on la chasse, aussitôt elle rapplique et sème la panique : « Attention, je pique ! »

Siméon le Papillon

Siméon, si mignon, papillon vermillon, chaque matin, en bel Arlequin des jardins, les ailes se repeint : une pointe de citron, un peu d'azur, c'est sûr, un rien de céladon et c'est bon ! Siméon est prêt à danser la capucine avec Églantine, la fille de l'églantier. Encore trois petits tours, trois petits tours en pointillé dans le ciel, et puis s'en va sur la pointe des ailes. Il s'en va chez son amie Rose qui aime la prose, mais la prose n'est pas sa chose. Le temps de faire une pause, il est déjà ailleurs, volant sans souci vers d'autres fleurs. Une pensée pour Narcisse, un clin d'œil à Iris et le voilà dans les bras de Marguerite ! La belle n'a pas de mérite, de toutes c'est sa favorite. « Il m'aime un peu, beaucoup, passionnément… zut, il a encore pris la fuite ! » Ainsi font les petits papillons : trois petits tours en pointillé dans le ciel et puis s'en vont, s'en vont sur la pointe des ailes.

La reine des abeilles

La reine des abeilles cherchait un roi dans les petits pois, un roi en manteau de soie. Mais elle n'eut pas de chance : les petits pois n'étaient pas de premier choix, et le seul roi qu'elle y trouva était nu comme un ver !
La reine des abeilles cherchait un roi avec une épée de bois. Mais elle eut beau toucher du bois, le seul roi qu'elle y trouva avait une jambe de bois !
La reine des abeilles cherchait un roi pour réparer son toit. Là encore elle manqua son affaire : le seul roi qu'elle trouva, hélas, tomba du toit !
La reine des abeilles cherchait un homme droit et de sang froid. Mais celui qu'elle trouva était sans foi ni loi ! Ça arrive parfois !
La reine des abeilles est au désarroi : toujours pas de roi pour lui mettre la bague au doigt ! Malheureuse en amour, elle n'est pas reine de cœur, ni reine de trèfle d'ailleurs, reine qui pique à la rigueur !

Camille la Chenille

Camille rêve d'un long sommeil, d'un doux réveil, rêve de jardins merveilleux, d'un soleil toujours radieux. Camille rêve de chaleur, de couleurs, de fleurs de toutes les couleurs, de fleurs qu'on effleure. Camille aimerait tant être une fleur pour savoir ce que les papillons leur chuchotent à l'oreille. Camille la chenille rêve d'un long sommeil, d'un doux réveil, rêve de déployer ses ailes et de s'envoler dans le ciel.

Belle la Coccinelle

Un jour, Belle se pose sur le doigt d'une reine.
– Oh une coccinelle ! s'écrie la reine. Vite, vite, faisons un vœu ! Euh, je veux… je veux… je veux… Qu'est-ce que je peux bien vouloir au juste ? Vraiment, c'est difficile de faire un vœu quand on a tout ce que l'on veut !
– Ça, c'est un aveu, pas un vœu, dit la coccinelle en s'envolant.
Plus loin, elle se pose sur le doigt d'une bergère.
– Oh une coccinelle ! s'exclame la bergère. Vite, vite, faisons un vœu ! Euh, je veux… je veux… je veux… Vraiment, c'est embêtant de devoir faire un vœu, rien qu'un vœu quand on a si peu !
– Encore un aveu, toujours pas de vœu, soupire Belle en s'envolant. La prochaine fois, que vous soyez reine ou bien bergère, envoyez-moi vos vœux, je vous répondrai si je peux.

Patouch la Mouche

J'm'appelle Patouch l'indécrottable mouche ! Des clo-clo, des clodos, c'est moi la plus cracra, c'est moi la plus crado ! J'sais, c'est moche : j'prends jamais de douche. J'sais, c'est moche : dans les rideaux j'me mouche. Mouche, moche, j'suis la reine des cloches. Un brin débrouille, un brin bidouille. Ma maison est un vieux carton, mon lit une boîte de sardines : qui dort dîne, dîne d'une sardine. Ma cantine, c'est la poubelle. Quand elle est pleine, je bats des ailes. J'aime le moisi, le rassis, la salade de riz sauce vomi, la vache qui rit avec le poisson pourri. Ne faites pas les fines bouches : devant un tel festin, moi je louche, car j'm'appelle Patouch l'indécrottable mouche !

Barnabé le Scarabée

Barnabé le scarabée est un magicien de la couleur et un merveilleux dessinateur. Comme tous les artistes, il travaille à l'envie pour lui et ses amis !
Envie d'une pomme : il croque un panier chargé de fruits.
Envie d'une fleur : il peint un bouquet de roses ou de muguet.
Envie de miel : il brosse une petite abeille plus vraie que nature. Vous la reconnaissez, c'est Mireille, Mireille l'abeille !
Barnabé le scarabée n'aime pas ce qui l'attriste. C'est pourquoi il peint toujours des fenêtres sur les murs qui n'en ont pas, car un mur sans fenêtre, c'est triste pour un artiste. Mais si le ciel est gris et qu'il pleut, me direz-vous, le tableau n'est pas joyeux ! Eh bien, avec toute cette pluie dans le ciel, notre scarabée fera une belle aquarelle aux couleurs de l'arc-en-ciel.
Il ouvrira sa fenêtre en grand et vous invitera à le suivre dans l'image. Ainsi, vous serez sages comme des images !

Hugo l'Asticot

Hugo l'asticot habitait une pomme bien faite avec deux pommettes bien rouges. En bon locataire, notre asticot astiquait chaque jour sa maison qui brillait comme un soulier verni. Soucieux de ne pas être dérangé, par peur d'être délogé, il avait écrit à la craie : « Défense de me manger, je suis une pomme véreuse. » Il se croyait ainsi à l'abri, à l'abri d'un pépin. Malheureusement, Adam et Ève, nus comme des vers, croquèrent dans le fruit défendu, et de la pomme aux généreuses pommettes il ne resta bientôt plus qu'un trognon et un pauvre asticot qui tirait une drôle de trogne. Tant pis pour sa pomme !

Loulou le Pou

Ils disent que je suis laid, vilain comme un pou ! Ils me traitent de morpion, de toto, font pouah à chaque fois qu'ils me voient. Mais, avec mon chapeau mou et ces deux boutons qui brillent comme des sous sur mon petit ventre mou, j'ai un charme fou. Même si je ne suis pas toujours un ange, un chou, j'aime les franges, les bouts de chou aux cheveux d'ange. Dans les tignasses, les tifs, c'est plus fort que moi, je fouille, je trifouille, je farfouille. Attention, les chatouilles ! Dans les tignasses, les tifs, c'est plus fort que moi, je danse la danse des papous, la danse des papouilles ! Ouille ouille ouille ! Attention, les gratouilles ! Bien que je sois un peu foufou et, je l'avoue, un peu casse-cou, je ne suis pas un risque-tout, non, pas du tout ! Quand j'entends : « Gare au pou, shampoo », j'ouvre mon parapluie et je prends mes jambes à mon cou !

Carole la Luciole

Tutu et chapeau pointu ! Je suis une bonne fée et une bonne étoile, une fée bienfaisante et une étoile filante. Feu follet ou esprit follet, je n'apparais que pour briller d'une petite lueur qui porte bonheur. Lumignon des champignons, je me colle au plafond et j'éclaire vos maisons. Ma lanterne est magique, elle raconte des histoires abracadabra, abracadabrantes, des histoires sans queue ni crête à dormir debout, la tête dans les étoiles. Tutu et chapeau pointu ! Je suis une bonne fée et une bonne étoile, une fée pétillante et une étoile scintillante. Avant d'aller au plume, demandez-moi la lune.

Léon le Bourdon

Regardez comme il est mignon avec ce petit bedon tout rond tout rond. Regardez et écoutez sa chanson. Il vous la chante sans façon :

Il était un bourdon
Et rond et rond
Gros patapon
Il était un bourdon
Qui s'faisait pas d'mouron
Et rond et rond…

Et maintenant allons, allons, reprenez à l'unisson ! Chaussons et polochon, jupon et patachon, grognon et roupillon, ébouriffé comme un chardon, glouton comme un ourson : voilà, c'est tout Léon, Léon le bourdon !

Benjamin le Lutin

Dans le jardin vit un nain, un nain de jardin qui s'appelle Benjamin, Benjamin le lutin.

Il habite une curieuse maison, un drôle de champignon où il reçoit à l'occasion.

Il vous raconte, l'air mutin, qu'il est très malin, qu'il est un grand magicien. À vrai dire, je n'en sais rien. Il est surtout, à ce qu'on dit, un peu radin. Mais aux copains, aux voisins il donne volontiers un coup de main. Jardinier de son métier, c'est lui, le petit homme du potager. Un coup de bêche par-ci, un coup de râteau par-là, et voilà! Benjamin le lutin repart avec sa brouette vers sa maisonnette.

Pascale la Cigale

Ouvrez grand portes et fenêtres, sortez de vos maisons et dansez en rond : je vous apporte une heureuse nouvelle ! Tourtereaux et tourterelles roucoulent sur la balancelle. Dans les nids, gazouillis et battements d'ailes. L'été est là, l'été est là, et c'est moi qui donne le *la* à la grive musicienne qui parfois fait des siennes.

L'été est là, l'été est là, et c'est moi qui donne le *la*, sans tambour ni trompette, aux grenouilles, aux rainettes.

L'été est là, l'été est là, et c'est moi qui donne le *la* au grillon mirliton pour qu'il soit au diapason.

Sans un oubli, sans un répit, Pascale la cigale chante l'été.

Et c'est elle qui vous donne le *la*.

Voilà, c'est dit, restons-en là.

Dépôt légal : septembre 2009
ISBN 978-2-07-057815-3
N° d'édition : 144708
Loi n° 49956 du 16 juillet 1949
sur les publications destinées à la jeunesse
Imprimé en France par Jean-Lamour